# BEI GRIN MACHT SICH IHR
# WISSEN BEZAHLT

AF149093

- Wir veröffentlichen Ihre Hausarbeit,
  Bachelor- und Masterarbeit

- Ihr eigenes eBook und Buch -
  weltweit in allen wichtigen Shops

- Verdienen Sie an jedem Verkauf

## Jetzt bei www.GRIN.com hochladen
## und kostenlos publizieren

Clarissa Frenken

# Twitter als Diskursmodell

GRIN Verlag

**Bibliografische Information der Deutschen Nationalbibliothek:**

Die Deutsche Bibliothek verzeichnet diese Publikation in der Deutschen National-
bibliografie; detaillierte bibliografische Daten sind im Internet über http://dnb.d-
nb.de/ abrufbar.

**Impressum:**

Copyright © 2013 GRIN Verlag GmbH
Druck und Bindung: Books on Demand GmbH, Norderstedt Germany
ISBN: 978-3-656-91982-7

**Dieses Buch bei GRIN:**

http://www.grin.com/de/e-book/294279/twitter-als-diskursmodell

# Ausarbeitung zum Referat

# Thema: Twitter als Diskursmodell

Veranstaltung: Kommunikation im Internet

SoSe 2013

## Inhaltsverzeichnis

# Einleitung

In dieser Ausarbeitung soll Twitter als Diskursmodell vorgestellt werden. Seine verschiedenen Kommunikationsoperatoren erlauben es den Nutzern in großem Umfang zu interagieren und diskutieren. Im Laufe der Ausarbeitung wird erklärt, wie genau das möglich ist. Im Folgenden werde ich zuerst allgemeine Informationen über Twitter darstellen. Dabei wird unter anderem erläutert, seit wann Twitter online ist, wer sein Erfinder ist und was es mit dem Namen Twitter eigentlich auf sich hat.Danach wird grob die Funktion des Mikrobloggingdienstes erklärt und was ihn eigentlich aus macht. Außerdem wird gezeigt, wer zu den Twitterusern zählt und wie die einzelnen Parteien Twitter für sich nutzen. Der letzte Teil der allgemeinen Ausführung setzt seine Aktualität in den Vordergrund und spricht bereits hier die Verwendung Twitters als Diskursmodell an.Im weiteren Verlauf werde ich zunächst genauer auf die einzelnen Funktionen des Dienstes eingehen, wie Tagging, Hyperlinks und Adressierung. Auf Basis dieses Grundwissens über die Funktion werde ich dann Twitter als Diskursmodell vorstellen, das oft die allgemeine Meinung der Bevölkerung widerspiegelt.

# 1. Allgemeines

Twitter ist ein Mikrobloggingdienst, der über den PC oder mobile Geräte erreichbar ist.Er zählt zu den Top drei der sozialen Netzwerke in Amerika (Stand 2009) (vgl. Internet.kom 2009: 249).Im August 2006 ging Twitter an die Öffentlichkeit (vgl. Sprache Medien Innovationen 2012: 73) und zählt heute (Stand 2012) „weltweit über 140 Millionen aktive Twitternutzer" (Age of Access? 2013: 77). Der Name Twitter geht auf das englische Verb „to twitter" zurück, das im Deutschen so viel heißt wie „zwitschern".

Sein Erfinder Jack Dorsey nannte den Mikrobloggingdienst zunächst „Twttr", was möglicher Weise auf die Tatsache hinweisen soll, dass die Postings, genannt Tweets, auf 140 Zeichen beschränkt sind, was es nötig macht, alles möglichst kurz aus zu drücken (Sprache Medien Innovationen 2012: 74).Diese Einschränkung führt zu sprachökonomischem Verhalten innerhalb Twitters. Es besteht die Möglichkeit multimediale Inhalte wie Fotos oder Videos über Hyperlinks in einen Tweet ein zu binden (vgl. Age of Access? 2013: 77). Die Anmeldung bei Twitter ist simpel. Man meldet sich mit seinem Namen an und wählt zusätzlich einen Nutzernamen, welcher mit vorangesetztem @-Zeichen als Adresse fungiert. Will man etwas twittern, also anderen Nutzern mitteilen, schreibt man es in die Zeile: What are you doing? Und klickt auf Update (vgl. Internet.kom 2009: 258).

Folge bzw. abonniere ich einen Account, bin ich ein Follower dessen und seine Beiträge bzw. Tweets erscheinen in meiner eigenen Timeline. Für meinen Follower bin ich umgekehrt ein Followee. Twittersphere wird der gesamte gemeinschaftliche erzeugte Kommunikationsraum genannt (vgl. Age of Access? 2013: 77).Möchte ich mit anderen Nutzern interagieren, kann ich das öffentlich, indem ich das Zeichen @ vor seinen Nutzernamen setze. Beispiel: @Lisa21 Danke für die Glückwünsche! Eine persönliche Mitteilung, auch Direct Message genannt, die nur ein bestimmter Nutzer erhalten soll versende ich, indem man das @-Zeichen durch ein d ersetzt und ein Leerzeichen vor den Nutzernamen setzt. Auf einen Tweet antworten kann man über die Reply-Taste, die man bei jedem Tweet findet. Mit der Taste RT, die für Retweet steht, kann man einen bereits vorhandenen Tweet seinen eigenen Followern zeigen (vgl. Internet.kom 2009: 259). Hashtags sind eine Form der Verschlagwortung. Bei ihnen wird das Wort, das zum Schlagwort werden soll mit einem # versehen. Beispiel: #Bundestagswahl. Dies ist eine Form des Taggings und macht den Begriff „suchbar". Gibt man jetzt das Wort „Bundestagswahl" als Suchbegriff bei Twitter ein, erscheinen alle Tweets, die mit diesem

Hashtag gekennzeichnet wurden (vgl. Internet.kom 2009: 259f.). @, RT und # sind Beispiele für Kommunikationsoperatoren.

Über 40% der Tweets bestehen aus phatischer Kommunikation, also unsinniger bzw. sinnloser Kommunikation (vgl. Sprache Medien Innovationen 2012: 73). Bei den Tweets kann der Nutzer selbst entscheiden, ob dieser öffentlich oder nur von ausgewählten Nutzern gesehen werden kann (Sprache Medien Innovationen 2012: 75).

„Funktional werden Tweets zur Verbreitung von Informationen jedweder Art [...] verwendet" (Sprache Medien Innovationen 2012: 95).

Allerdings nutzen nicht nur Privatpersonen Twitter, sondern auch Prominente wie Ashton Kutcher und Britney Spears, Politiker wie Barrack Obama oder Unternehmen wie die Lufthansa, die Allianz oder Microsoft Twitter zu ihren Zwecken. Die Lufthansa macht dort Werbung oder verlost Tickets für Flüge. Sogar die Vergabe von Praktikumsplätzen wird von der Allianz auf Twitter bekannt gegeben (Sprache Medien Innovationen 2012: 75f). US-Präsident Barack Obama machte während seiner Wahlkampagne Gebrauch von Twitter und nutzt es auch heute noch aktiv (vgl. Internet.kom 2009: 249).

Die Aktualität von Twitter, über das Menschen innerhalb weniger Augenblicke Nachrichten an die Öffentlichkeit bringen können zeigt sich deutlich am Beispiel der Wiederwahl Horst Köhlers als Bundespräsident im Jahre 2009. An diesem Tag twitterten die beiden Mitglieder des Deutschen Bundestages Julia Klückner und Ulrich Kelber die Nachricht der Wiederwahl noch bevor es in der Bundesversammlung verkündet wurde (vgl. Internet.kom 2009: 246f.).

Es sind sehr viele Nutzer auf Twitter vertreten, die ihre Tweets in die Welt hinaus senden. Einige Menschen behaupten sogar, Twitter sei ein Protokoll der Wirklichkeit (vgl. Internet.kom 2009: 248). Aufgrund der großen Vielfalt an Informationen und Menschen auf Twitter klingt das realistisch. Gedacht war Twitter zwar als eine Art Update unter Freunden, die die Frage, was sie gerade tun beantworten sollen (vgl. Internet.kom 2009: 248), jedoch hat „Twitter [...] sich längst zum Kommunikationstool entwickelt" (Internet.kom 2009: 253).

Auch wenn die Hauptfunktion von Twitter wie auch geplant der Small Talk ist, entstehen dort auch interessante Diskussionen, die deutlich über belangloses Geplänkel hinaus gehen (vgl. Internet.kom 2009: 253).

Alles in allem ist das Prinzip von Twitter einfach, was jedoch letztendlich in der Twittersphere geschieht ist nicht vorher zu sehen. Besonders interessant ist der Aspekt der

Aktualität. Kein Nachrichtendienst ist so schnell wie ein Twitteruser, der eine Neuigkeit verbreiten will.

## 2. Kommunikationsoperatoren

Es gibt vier hauptsächliche Kommunikationsoperatoren, mit Hilfe derer man mit anderen Nutzern in Kontakt treten und multimediale Inhalte in seinen Tweet einbinden kann: @, #, http:// und RT (vgl. Age of Access? 2013: 79)

<u>Das Operatorenmodell</u>

| Operatorenebene | Textebene | Handlungsebene |
|---|---|---|
| @ <br> (Adressierung, Erwähnung) | Accountname, Teil d. Emailadresse... | Personelle Referenzierung, Aufmerksamkeitserzeugung, Interaktion, Kontaktaufnahme etc. |
| # <br> (Indexierung) | Lexem, Schlagwort | Diskursorganisation, thematische Referenzialsierung, Verschlagwortung usw. |
| http:// <br> (Hyperlinks) | Bilder, Videos (z.B. YouTube), andere Webseiten | Informationsverteilung, Argumentation, Illustration |
| RT (Retweet) | (Text-)Zitate, Kommentierungen | Referenz, Zitation, Aufmerksamkeitserzeugung |

(vgl. Age of Access? Grundfragen der Informationsgesellschaft 2013: 80)

Das Operatorenmodell gibt einen ersten Überblick über die einzelnen Operatoren.

Hier muss zwischen drei Ebenen des Operators unterschieden werden.

Zunächst wird die Operatorenebene dargestellt, sie gibt die Zeichenkodierung an. Will der User beispielsweise seinen Tweet an jemanden adressieren, setzt er den Operator @ vor den Usernamen des zu adressierenden.

Die Textebene gibt den Inhalt der Tweets an. Macht man einen Retweet, zitiert man einen anderen User, bzw. dessen Tweet. Dieses Zitat ist somit die Textebene des Operators.

Die Handlungsebene schließlich gibt an, zu welchem Zweck der Betreffende den Operator verwendet hat. Macht er Gebrauch von einem Hyperlink, kann er den Artikel einer anderen Seite als Argument für seine Sache/Meinung nutzen und stellt diesen Artikel mit Hilfe des Hyperlinks auch anderen Usern zur Verfügung. Wenn man auf den Hyperlink klickt, wird man automatisch zur entsprechenden Seite weiter geleitet, auf die der Verfasser des Tweets aufmerksam machen möchte.

Im weiteren Verlauf werden die Operatoren zur Adressierung und Verschlagwortung genauer erläutert.

## 2.1 Adressierung

Bei der Adressierung wird der Operator @ verwendet. Hier wird zwischen direkter Adressierung und indirekter Erwähnung unterschieden. „Steht das @-Zeichen zu Beginn eines Tweets (Adressierung), direkt vor dem Usernamen des Adressaten, erscheint der Tweet in den Timelines des Absenders und des Adressaten und in der Timeline von Accounts, die beiden Teilnehmern folgen" (Age of Access? 2013: 81). Der Adressat, der verlinkt wurde erhält über diese Verlinkung eine Benachrichtigung, da der Tweet direkt an ihn adressiert ist. Der Nutzername des Users, der adressiert wird, wird automatisch blau hervorgehoben und unterstrichen. Klickt man auf den Namen, erscheint das Kurzprofil, es wird die Möglichkeit geboten, diesem Account zu folgen. Verwendet man den „Antworten"-Button, wird dem Tweet automatisch „@Username" vorangestellt. Eine Adressierung muss nicht automatisch eine Aufforderung zu einer Konversation sein, sie kann auch schlichtweg den anderen User informieren, indem sie bestimmte Informationen oder Hyperlinks enthält. Um den Überblick zu gewährleisten, ob ein Tweet ein „Antwort-Tweet" ist, werden diese Tweets als solche markiert, der dazugehörigen Tweet auf den geantwortet wurde, lässt sich ebenfalls aufrufen. Dies ermöglicht auch dritten, die öffentliche Konversation anderer zu verfolgen. Ein Einstieg in die Konversation oder Diskussion ist für Dritte kein Problem, da die Interaktion auf keine Teilnehmerzahl beschränkt ist. Wenn adressierte Tweets beantwortet sind, werden sie „post facto initiations" genannt (vgl. Age of Access? 2013: 81).

Die Hauptfunktion des @-Zeichens ist auf Twitter zwar die Adressierung bzw. Erwähnung, jedoch wird es von den Usern auch anders genutzt. Beispiele dafür sind Lokationsreferenzen: Are you @ school? Oder sie werden als Emoticons verwendet: >:@

(steht für wütend) (vgl. Age of Access? Grundfragen der Informationsgesellschaft 2013: 81f.).

Beim Diskurs wird die Adressierung in zweierlei Hinsicht verwendet. Zum einen, um andere User direkt an zu sprechen und zum anderen, um über andere User zu sprechen oder sie mit in die Diskussion ein zu beziehen. Haben beispielsweise unter einen Artikel mehrere User etwas gepostet, kann ein anderer Nutzer, gezielt einen dieser User, die zuvor den Artikel kommentiert haben ansprechen und seine Meinung zu dessen Kommentar abgeben. Da wie bereits erwähnt der Adressant eine Benachrichtigung darüber erhält, dass er verlinkt wurde, kann er wiederum Stellung dazu nehmen.

Dieser Operator erlaubt es den Usern also, direkt und indirekt miteinander in Kontakt zu treten und regt zum Meinungsaustausch an.

Da das Thema Adressierung das umfangreichste ist, wird es am intensivsten ausgeführt. Die folgenden Operatoren werden weniger detailiert erklärt, da sie auf einen Blick einfacher zu begreifen sind und nicht so viele Anwendungsformen haben.

## 2.2 Hashtags

Hashtags sind eine Form des Tagging. Das englisch Verb „to tag" bedeutet: etwas mit einem Anhänger, Schild o.Ä. versehen.

Versieht man ein bestimmtes Wort mit einem #, also z.b. #Klimakonferenz, wird das Wort automatisch verlinkt und blau hervorgehoben. Klickt man nun auf diese Verlinkung, erscheinen alle Tweets, die auch mit diesem Hashtag versehen wurden. Außerdem kann man diese Hashtags über Twitter suchen. Interessiere ich mich beispielsweise für Informationen über die Klimakonferenz, gebe ich diesen Suchbegriff ein und mir werden alle Tweets angezeigt, die mit diesem Hashtag versehen wurden (vgl. Age of Access? Grundfragen der Informationsgesellschaft 2013: 83).

Zudem gibt es „kontextualisierende Hashtags" (Age of Access? 2013: 84), die dem Tweet einen Bezug oder Handlungszusammenhang geben. Beispiel: Heute sehr voll hier! #A61. Ohne den Hashtag, der den Zusammenhang offen legt, wäre der Tweet nicht zu verstehen. Zudem können Ad-Hoc-Öffentlichkeiten kurzfristig um einen bestimmten Hashtag entstehen, beispielsweise bei einmaligen Veranstaltungen. (vgl. Age of Access? Grundfragen der Informationsgesellschaft 2013: 84). Beispiel: Barrack Obama hat gesiegt #Präsidentschaftswahl.

Es gibt zudem eine konventionalisierte Art, Hashtags zu verwenden. „Eine konventionalisiete Verwendung ist etwa das des Hashtags „#fail", um eine negative, missbilligende Wertung zum Ausdruck zu bringen" (Age of Access? 2013: 85). Ein Beispiel dafür wäre: Justin Biber ist mein Lieblingssänger! #Scherz #Ironie.

## 3. Twitter als Diskursmodell

„Twitter hat sich längst zum Kommunikationstool entwickelt, [...]. Auch wenn der Small Talk den tatsächlichen Reiz von Twitter ausmachen sollte" (Internet.kom 2009: 253). Wodurch Twitter sich als Kommunikationstool auszeichnet, ist auf Grund der erläuterten Kommunikationsoperatoren nach zu vollzeihen. Mit ihrer Hilfe kann man vielfältig interagieren. So kommen auf Twitter auch häufig interessante Diskussionen zustande. So genannte Augenzeugen-Tweets, die aktuelle Geschehnisse in Form von Bildern oder Videos auf Twitter teilen, liefern schnell Informationen, z.b. auch in Kriesenregionen, in die sich kaum ein Reporter wagt. Auch Reporter nutzen Twitter mittlerweile, um kurz und knapp Nachrichten zu verbreiten (vlg. Internet.kom 2009: 253f.).

# Verwendete Quellen

Moraldo Sandro: Internet.kom. Neue Sprach- und Kommunikationsformen im WorldWideWeb. MMIX ARACNE, 2009.

Rifkin Jeremy: The Age of Access: The New Culture of Hypercapitalism, Where all of Life is a Paid-For Experience. Tarcher, 2013